Bibliografische Information der Deutschen Nationalbibliothek:

Die Deutsche Bibliothek verzeichnet diese Publikation in der Deutschen National-bibliografie; detaillierte bibliografische Daten sind im Internet über http://dnb.d-nb.de/ abrufbar.

Impressum:

Copyright © 2017 GRIN Verlag
Druck und Bindung: Books on Demand GmbH, Norderstedt Germany
ISBN: 9783346107275

Dieses Buch bei GRIN:

https://www.grin.com/document/513689

Dennis Schmidt

Eine Analyse zur Bildung von transnational advocacy networks anhand des Netzwerkes im brasilianischen Bundesstaat Rondônia

GRIN Verlag

GRIN - Your knowledge has value

Der GRIN Verlag publiziert seit 1998 wissenschaftliche Arbeiten von Studenten, Hochschullehrern und anderen Akademikern als eBook und gedrucktes Buch. Die Verlagswebsite www.grin.com ist die ideale Plattform zur Veröffentlichung von Hausarbeiten, Abschlussarbeiten, wissenschaftlichen Aufsätzen, Dissertationen und Fachbüchern.

Besuchen Sie uns im Internet:

http://www.grin.com/

http://www.facebook.com/grincom

http://www.twitter.com/grin_com

Leibniz Universität Hannover

Institut für Politische Wissenschaft

Hausarbeit

Autor: Dennis Schmidt

Studiengang: BA Politikwissenschaften

Fachsemester: 5

Vertiefungsmodul: Internationale Beziehungen, Weltgesellschaft, Europäische Integration

Seminar: Interaktionen von Sicherheitsakteuren in den Internationalen Beziehungen

Abgabetermin: 02.03.2017

Eine Analyse zur Bildung von transnational advocacy networks am Beispiel des Netzwerkes im brasilianischen Bundesstaat Rondônia

Hannover, den 02.03.2017

Inhaltsverzeichnis   Seite

1

1. Einleitung

In der heutigen internationalen Politik sind Staaten nicht mehr die einzigen Akteure. Besonders innerhalb der letzten drei Jahrzehnte sind neben den Nationalstaaten auch nichtstaatliche Akteure oder lokale und internationale Organisationen eine feste Größe in den internationalen Beziehungen geworden. Gleichzeitig ist es für kleine Organisationen alleine sehr schwer, sich im internationalen Business zu behaupten. Viele Akteure werden bewusst nicht von mächtigen Organisationen in institutionelle Prozesse einbezogen. Doch mit Hilfe von Netzwerken und der Partizipation in Gruppen haben auch kleine Akteure die Chance, ihre Reichweite zu erhöhen und internationale Kontakte zu knüpfen. Möglich wird dies durch sogenannte „Transnational Advocacy Networks". Ziel dieser Hausarbeit ist es, das Konzept des TAN zu analysieren und anhand der beiden Entwicklungsprojekte Polonoroeste und Planafloro herauszuarbeiten, ob im brasilianischen Bundesstaat Rondônia ein „Transnational Advocacy Network" (TAN) vorhanden ist. Dabei werde ich zunächst erläutern, was ein TAN ist, wie es entsteht, funktioniert und was die Ziele eines TAN sind. Anschließend werde ich skizzieren, wie sich der Bundesstaat Rondônia in den letzten Jahrzehnten entwickelt hat, was es für Entwicklungsprojekte gab und warum sich daraus ein Netzwerk gebildet hat. Schließlich wird der Theorieteil mit dem Fallbeispiel verknüpft und erläutert, inwiefern sich die Theorie durch das vorliegende Beispiel bestätigen oder wiederlegen lässt. In einem abschließenden Fazit werden die wichtigsten Ergebnisse aus der Analyse zusammengetragen, die Fragestellung beantwortet und ein kurzer Ausblick gegeben.

2. Theorieteil

2.1 Was ist ein transnational advocacy network?

Um zu verstehen, was ein TAN ist, muss man den Begriff zuallererst in seine Bestandteile zerlegen. Dem Duden zufolge (Duden (o.J.): Verfügbar: http://www.duden.de/suchen/dudenonline/transnational (Zugriff am 20.02.2017)) bedeutet das Wort transnational, dass etwas übergreifend beziehungsweise mehrere Nationen umfassend ist. Verbindet man das Wort transnational also mit dem Gebiet der internationalen Beziehungen, so handelt es sich um diverse Nationen.

Laut dem englischen Wörterbuch Merriam Webster (Merriam Webster (o.J.): Verfügbar: https://www.merriam-webster.com/dictionary/advocate (Zugriff am 20.02.2017)) ist ein Advocate, zu Deutsch Befürworter, eine Person, die sich für die Angelegenheiten von anderen Personen einsetzt. Advocacy, zu Deutsch Fürsprache, bedeutet demnach, dass man sich für Ideen und Normen von anderen Personen oder Gruppen einsetzt (vgl. Keck und Sikkink 1999: 91).

Networks beziehungsweise Netzwerke sind Formen von Organisation. Ihre Struktur charakterisiert sich dadurch, dass man an Netzwerken freiwillig partizipiert. Außerdem gibt es unter den Aktivisten eine gegenseitige Abhängigkeit und es wird nicht in hierarchischer Form top-down miteinander gesprochen, sondern das Netzwerk kommuniziert auf horizontaler Ebene. Die Kommunikation innerhalb des Netzwerkes und der gemeinsame Informationsaustausch sind elementar (vgl. Keck und Sikkink 1999: 91). Walter Powell bezeichnet Netzwerke neben dem Markt und der Hierarchie als Muster für ökonomische Organisation (vgl. Powell 1990: 295). Seine Ansichten von ökonomischen Netzwerken lassen sich ebenfalls auf politische Netzwerke übertragen. Netzwerke sind bestens geeignet, wenn es darum geht, Informationen zuverlässig und effizient auszutauschen (vgl. Powell 1990: 304). Keck und Sikkink definieren ein TAN wie folgt:

A transnational advocacy network includes those actors working internationally on an issue, who are bound together by shared values, a common discourse, and dense exchanges of information and services (Keck und Sikkink 1999: 89)

Damit wird deutlich, dass neben dem gemeinsamen Interessenaustausch ein weiterer fundamentaler Bestandteil eines TANs gemeinsame Werte und Normen sind. Gleiche

Norm- und Wertevertretung stellt die Grundlage für das erfolgreiche Arbeiten innerhalb regionaler und internationaler Prozesse dar (vgl. Keck und Sikkink 1999: 90).

Hauptakteure in den TANs sind sowohl staatliche, als auch nicht-staatliche Akteure (vgl. Betsill und Bulkeley 2004: 475). Unter nicht-staatliche Akteure fallen internationale und nationale NGOs, soziale Bewegungen, Stiftungen, Massenmedien und die Kirche. Staatliche Akteure können beispielsweise intergovernmental organizations (IOs) oder bestimmte Bereiche einer Regierung sein (vgl. Keck und Sikkink 1999: 91f).

Natürlich sind nicht alle genannten Akteure in jedem TAN vorhanden. Allerdings spielen Nichtregierungsorganisationen in diesen Netzwerken eine maßgebende Rolle (vgl. Rodrigues 2004: 6). Sie sind der treibende Motor in TANs, bringen Ideen und eine Fülle an Informationen ein und setzen andere Akteure unter Druck (vgl. Keck und Sikkink 1999: 92). Ein drittes Charakterisierungsmerkmal von TANs ist die Fähigkeit, Rahmenbedingungen zu entwerfen und Kommunikationskanäle zu schaffen (vgl. Schuppert 2015: 227). Erst dadurch wird sichergestellt, was TANs auszeichnet: nämlich große Mengen an Informationen zu erstellen und zu sortieren, um sie dann gezielt und effektiv einzusetzen (vgl. Keck und Sikkink 1999: 92).

2.2 Zur Geschichte des TAN

Die Verdichtung der Nationalstaaten im 18. und 20. Jahrhundert hatte deutliche Auswirkungen auf die Entwicklung von sozialen Protesten. Um genauer zu sein, wurden aus einzelnen Protesten ganze soziale Bewegungen, die sich mit politischen Themen auseinander setzten (vgl. Silva 2013: 2). Mit dem Ende des Kalten Krieges wurden in der nationalen Politik auch soziale Bewegungen zur Normalität. Allerdings änderte sich gegen Ende des 20. Jahrhunderts ihre Struktur grundlegend. Die nationalen Bewegungen begannen, sich auf transnationaler Fläche auszubreiten (vgl. Silva 2013: 3). Aktivisten gründeten Netzwerke und Koalitionen, die über die Grenzen der einzelnen Staaten hinausgingen. So versuchte man auf sich aufmerksam zu machen und bei der Politik von internationalen Organisationen, multilateralen Institutionen oder auch multinationalen Kooperationen zu partizipieren (vgl. Silva 2013: 3). Wissenschaftler haben die Wichtigkeit der TANs erst in den letzten Jahrzehnten bemerkt und sich aufgrund dessen vermehrt mit ihnen beschäftigt (vgl. Keck und Sikkink 1998: 2). Ein Ansatz, der sich mit der historischen Entwicklung von TANs beschäftigt, sieht Gründe für die Entstehung in der rasanten Entwicklung der Globalisierung Ende des 20. Jahrhunderts. Die Abgabe von Souveränität der Nationalstaaten auf transnationale Ebene hat auch Aktivisten dazu verleitet, ihre Strategien, beziehungsweise Zielobjekte auf transnationale Ebene zu verlagern (vgl. Silva 2013: 3). Was TANs von vorherigen Netzwerken unterscheidet, ist die Fähigkeit, dass Akteure ihre Informationen gezielt mit einer bestimmten Strategie einsetzen und dadurch Probleme neu definieren und anderen Kategorien zuordnen können. Außerdem haben diese Netzwerke die Möglichkeit, weitaus größere und einflussreichere Organisationen zu überzeugen und sich gegen sie zu behaupten (vgl. Keck und Sikkink 1998: 2).

2.3 Wie entstehen TANs?

Nachdem der Begriff des TANs grundlegend definiert wurde, geht es im kommenden Abschnitt darum, wie und warum TANs entstehen. Transnational advocacy networks entstehen allgemein meistens dort, wo es Probleme gibt. Das können beispielsweise Streitfälle oder festgefahrene Angelegenheiten zwischen Interessengruppen und ihren Regierungen sein. Oftmals betrifft es Entwicklungsländer, in denen es zu gestörten Beziehungen zwischen der Regierung und ihrer Zivilgesellschaft kommt. Lokale NGOs versuchen dann häufig das Problem durch die Hilfe kooperativer Arrangements mit international vernetzten Akteuren zu lösen. Letztere sollen durch Einfluss auf die eigene Regierung den Druck auf die „Problem-Regierung" erhöhen. In solchen Fällen wird auch vom „boomerang pattern" gesprochen (vgl. Keck und Sikkink 1999: 93).

Ein weiterer Grund für die Entstehung von TANs liegt in der Chancenwahrnehmung von Aktivisten. Sie fangen an, Netzwerke zu bilden, wenn sie zu dem Ergebnis kommen, dass dann die Chancen auf eine erfolgreiche Partizipation steigen. Mit jedem neuen Netzwerk sammeln Akteure neue Erfahrungen, die sie dann gewinnbringend in neue Projekte einbringen können, um noch effizienter zu arbeiten (vgl. Keck und Sikkink 1999: 93).

Ein dritter und letzter häufiger Entstehungsgrund von TANs liegt in der Intensivierung und dem vermehrten Aufkommen von internationalen Organisationen und Konferenzen.

Während die Zahl der internationalen NGOs (INGOs) Mitte des 20. Jahrhunderts noch bei knapp unter 1.000 lag, überschritt sie zur Jahrtausendwende bereits die 6.000er Marke (vgl. Karns und Mingst 2004: 11). Mehr Organisationen und Konferenzen führen zu einer Steigerung der Kontaktmöglichkeiten und dadurch zu einer indirekten Stärkung von Netzwerken (vgl. Keck und Sikkink 1999: 93).

2.4 Wie funktionieren TANs?

Nachdem nun erläutert wurde, was TANs sind und wie sie entstehen, geht es im nächsten Abschnitt darum, was für Strategien und Taktiken TANs verfolgen. Margaret Keck und Kathryn Sikkink (1999) haben dazu vier verschiedene Arten von Strategien entworfen.

Zunächst gibt es die „Informationspolitik". Wie bereits erwähnt, ist der Informationsaustausch innerhalb eines Netzwerkes ein fundamentaler Grundbaustein. Er spielt beispielsweise für Aktivisten und Unterstützer, die sich geographisch nicht so nah am jeweiligen Konfliktpunkt befinden, eine besonders wichtige Rolle. Informationen setzen sich jedoch nicht nur aus ökonomischen und wissenschaftlichen Fakten zusammen, auch Aussagen von direkt betroffenen Personen sind wichtig (vgl. Keck und Sikkink 1999: 95). Aussagen betroffener Personen aus der lokalen Bevölkerung können allerdings auch missverstanden oder durch falsche Übersetzungen letztendlich falsche Schlüsse gezogen werden. Zentraler Aspekt bleibt der Informationsaustausch, welcher auf gegenseitigem Interesse beruht. NGOs sind auf lokale Informationen angewiesen, da sie es sich nicht leisten können, in mehreren Ländern stationiert zu sein. Lokale Organisationen sind gleichzeitig auf internationale Netzwerke angewiesen, um ihre eigene Reichweite zu erhöhen und auf sich aufmerksam zu machen (vgl. Keck und Sikkink 1999: 96).

Weiter geht es mit der „symbolischen Politik". Bei dieser Vorgehensweise versuchen die Netzwerke mit Hilfe von größeren Events ihre mediale Reichweite zu vergrößern. Dabei kann es sich zum Beispiel um internationale Konferenzen, öffentliche Reden oder auch Treffen von Staatsoberhäuptern handeln. Große Veranstaltungen werden von vielen Menschen in unterschiedlichen Ländern aufmerksam verfolgt und Netzwerke haben so die Möglichkeit, eine breitere Masse zu erreichen (vgl. Keck und Sikkink 1999: 96f). Ein Beleg für ein symbolisches Event ist der Weltgipfel in Rio de Janeiro 1992, der vor allem der indigenen Bevölkerung in Brasilien die Möglichkeit gab, auf sich und ihre Probleme aufmerksam zu machen (Keck und Sikkink 1998: Chapter 4: 22).

Des Weiteren wird von „leverage politics" (Einflusspolitik) gesprochen. Alison Brysk (2000) versteht unter Einflusspolitik das Verbünden mit mächtigeren Akteuren, die in der Lage sind, sich gegenüber dem Zielakteur zu behaupten (vgl. Brysk 2000: 35). Einfluss können Akteure auf verschiedene Art und Weise nehmen: Zum einen durch materiellen Einfluss, also mit Hilfe von finanziellen Mitteln, und zum anderen durch moralischen Einfluss. Bei dieser Art von Einflussnahme versuchen Netzwerke, das Verhalten von Akteuren im Rampenlicht zu präsentieren. Internationale Akteure wollen keine negativen Schlagzeilen verbreiten, wenn sie im internationalen Mittelpunkt stehen (vgl. Keck und Sikkink 1999: 97).

Abschließend gibt es die „accountability politics" (Verantwortungspolitik). Hier nutzen Netzwerke beispielsweise verbindliche Vereinbarungen von internationalen Konferenzen, damit Verbindlichkeiten nicht nur in der Theorie vorhanden sind, sondern auch in der Praxis umgesetzt werden (vgl. Keck und Sikkink 1999: 97f).

2.5 Unter welchen Voraussetzungen sind TANs erfolgreich?

Nachdem im vorherigen Abschnitt erläutert wurde, wie TANs funktionieren, gilt es im kommenden Kapitel zu erklären, wann TANs erfolgreich sind und was es für unterschiedliche Stufen dabei gibt.

Mit der ersten Stufe werden die Mindestanforderungen definiert. Es geht dabei um die „issue creation" und das „agenda setting". Mit Hilfe von Kampagnen und gezielten Aktionen wird Aufmerksamkeit für neue und bereits bestehende Probleme generiert (vgl. Keck und Sikkink 1999: 98). Bei der zweiten Stufe geht es um den Einfluss auf „discursive positions". Gemeint ist, dass transnational advocacy networks Einfluss gewinnen, wenn sie es schaffen, Staaten oder Organisationen zu überzeugen, sich bei verbindlichen Absprachen oder Abkommen vermehrt einzubringen und ihr neutrales beziehungsweise abschweifendes Verhalten zu verringern (vgl. Keck und Sikkink 1999: 98). Die dritte Stufe handelt von „institutional procedures". Bestimmte Handlungen von TANs sind nicht immer als Sofortmaßnahmen zu betrachten, sondern können durchaus auch präventiven

Charakter besitzen. Denn TANs versuchen nicht nur Einfluss auf den Output zu nehmen, sondern auch allgemein die Art einer Diskussion umzuwandeln (vgl. Keck und Sikkink 1998: 2). Daran anknüpfend geht es in der vierten Stufe um den Einfluss auf tatsächlichen „policy change" von Zielakteuren. Dabei kann es sich um Staaten, Organisationen oder auch regionale und internationale Unternehmen handeln (vgl. Keck und Sikkink 1999: 98). Auf der fünften und letzten Stufe steht der Einfluss auf „state behaviour". Der gelungene Einfluss auf das Verhalten und Auftreten eines Staates kann zweifellos als großer Erfolg für ein TAN gewertet werden. Der Staat handelt in einem solchen Fall nach gleichen Werten und Normen beziehungsweise nach die Interessen des Netzwerkes (vgl. Keck und Sikkink 1999: 98).

Ein weiterer Grund, wodurch TANs erfolgreicher operieren können, liegt in der Entwicklung eines gemeinsamen Symbols oder eines Protestslogans. Das Rainforest Action Network (RAN) hat zum Beispiel eine Kampagne gegen den Ölkonzern Chevron gestartet und operiert unter dem Slogan „Chevron is Guilty" (Rainforest Action Network (2011): Chevron is Guilty: Ecuadorians Prevail in Historic Environmental Lawsuit. Verfügbar:www.ran.org/chevron_is_guilty_ecuadoreans_prevail_in_historic_environment al_lawsuit (Zugriff am 20.02.2017))

Wie sich herausgestellt hat, hängt der Erfolg eines Netzwerkes in hohem Maße mit dem Einfluss zusammen, den das Netzwerk auf den Zielakteur hat. Allerdings spielt auch die Vernetzung eines TANs sowie wie die Reichweite eine tragende Rolle.

3. Empirischer Teil

3.1 Vorstellung Fallbeispiel

Im Folgenden geht es darum, den entwickelten Analyserahmen und die erläuterte Theorie auf ein Fallbeispiel anzuwenden. Als Fallbeispiel dient das entstandene Netzwerk im brasilianischen Bundesstaat Rondônia. Das Netzwerk setzt sich unter anderem für indigene Rechte und gegen die Abholzung des tropischen Regenwaldes ein. Ziel der Analyse wird sein, zu kennzeichnen, ob es sich beim Fallbeispiel um ein transnational advocacy network handelt. Zu Beginn der Analyse wird die politische Situation in Brasilien skizziert, da sie eine wichtige Rolle für die spätere Bildung von regionalen Netzwerken in Brasilien spielt.

Anhand der zwei Entwicklungs- und Integrationsprojekte „Polonoroeste" und „Planafloro" werden beteiligte Akteure, Netzwerkzusammenhänge, Aktionen und Strategien der Akteure sowie ihre Resultate auf Basis der entwickelten Theorie erläutert.

3.2 Politische Situation in Brasilien ab 1980

Im Jahre 1964 putschte das Militär in Brasilien und übernahm die Kontrolle im Land. Durch Gesetze wurden Freiheiten der Bürger eingeschränkt. Zugang zu Informationen aus dem Ausland war nicht einfach herzustellen und dadurch war es für regionale NGOs schwierig, zu operieren. Dies änderte sich mit den Demokratieprozessen in Lateinamerika in den achtziger Jahren (vgl. Keck und Sikkink 1998: Chapter 4: 8). Das Problem der Abholzung tropischer Regenwälder wurde erst Anfang der siebziger Jahre von Umweltschützern registriert und ist erst 1972 von der internationalen Union zur Bewahrung der Natur und natürlicher Ressourcen (IUCN) als „issue" formuliert worden (vgl. Keck und Sikkink 1998: Chapter 4: 11). Es war eine Reaktion auf die Entscheidung der brasilianischen Regierung, Kolonisierungs- und Entwicklungsprojekte im Amazonas mit Hochdruck voranzutreiben. Die Resonanz war nicht gerade verwunderlich, da sich das Amazonasgebiet zu zwei Dritteln auf brasilianischem Gebiet erstreckt und es die weltweit größte Fläche an tropischem Regenwald innehat (vgl. Rodrigues 2004: 19). Bereits 1974 hat die IUCN in Kooperation mit dem World Wildlife Fund (WWF) den tropischen Regenwald als wichtig zu schützendes Naturprogramm deklariert. Erste Briefe von den Geschäftsführern der eben genannten Organisationen stießen beim damaligen Präsidenten des Militärregimes, Emílio Garrastazu Médici, auf Verärgerung. Die brasilianische Regierung stellte offensichtlich wirtschaftliche Gedanken über umweltfreundliche Präventivmaßnahmen (vgl. Keck und Sikkink 1998: Chapter 4: 11).

3.3 Das Projekt Polonoroeste

Das Projekt Polonoroeste wurde 1981 von der brasilianischen Regierung implementiert. Ein nicht gerade günstiger Zeitpunkt, da zu der Zeit Demokratisierungsprozesse im gesamten Land stattfanden und das Gebiet erst im selben Jahr zum Bundesstaat erhoben wurde (vgl. Keck und Sikkink 1998: Chapter: 4: 14). Bei dem Vorhaben handelt es sich um ein Entwicklungs- und Integrationsprogramm, das für den Nordwesten Brasiliens galt und insbesondere den Bundesstaat Rondônia betraf. Kernpunkt des Projektes war der Ausbau einer Hauptstraße zur Verbesserung der Infrastruktur (vgl. Rodrigues 2004: 24). Da die brasilianische Regierung das Projekt finanziell nicht alleine stemmen konnte, verhandelte sie mit der Weltbank, einer multinationalen Entwicklungsbank, die sich selber seit den siebziger Jahren als führende Organisation im Bereich Umwelt sieht (vgl. Keck und Sikkink 1998: Chapter 4: 6). Nach zweijähriger Prüfung segnete die Weltbank das Projekt Polonoroeste ab und beteiligte sich zu einem Drittel an den Kosten des Projektes, in Höhe von circa 455 Millionen US Dollar. Allerdings modifizierte die Weltbank das von der brasilianischen Regierung vorgeschlagene Programm und knüpfte es an einige Bedingungen, wie die Bildung von Schutzreservaten für indigene Völker im betroffenen Gebiet und nationale Schutzzonen im Regenwald (vgl. Rodrigues 2004: 25). Doch schon nach kurzer Zeit zeichneten sich gravierende Fehler und negative Konsequenzen ab. Hauptsächlich waren es zuerst amerikanische Organisationen, wie Cultural Survival und Survival International, die sich für die Rechte von Indigenen einsetzen und sich kritisch gegenüber dem Projekt äußerten (vgl. Keck und Sikkink 1998: Chapter 4: 15). Die größten Sorgen der Referenten waren zum einen die politische Instabilität und daran anknüpfend die Bedenken bei der Umsetzung der Policen von der nationalen Behörde für den Schutz der indigenen Bevölkerung (FUNAI), und zum anderen die mangelnde Bekenntnis der Regierung zum Schutz der indigenen Gebiete (vgl. Rodrigues 2004: 34). Hier besteht der erste Ansatzpunkt für die Bildung eines Netzwerkes. Es sind Probleme definiert worden mit denen sich viele Akteure identifizieren konnten.

3.4 Die Multilateral Development Bank Kampagne und ihr Einfluss auf Polonoroeste

Im Jahr 1983 formte sich eine kleine Gruppe aus individuellen Akteuren. Sie entstand durch Bruce Rich, einen Anwalt der NGO Environmental Defense Fund (EDF) (vgl. Rodrigues 2004: 36). Sein Ziel war es, Umweltschutzkampagnen von der nationalen auf die internationale Ebene zu verschieben. Dabei orientierte er sich thematisch an multilateralen Banken, die sich mit Subventionen in Entwicklungsländern beteiligen (vgl. Keck und Sikkink 1998: Chapter 4: 12). Rich sprach mit Barbara Bramble, der heutigen Vizepräsidentin der National Wildlife Federation (NWF), über Entwicklungsprogramme im Amazonasbecken. Neben den involvierten Organisationen engagierten sich auch wissenschaftliche Anthropologen in dem Projekt. Zu nennen sind David Price, ein Anthropologe, der eigens von der Weltbank eingestellt wurde und sich um die Situation von indigenen Gemeinden im Gebiet kümmerte und Stephan Schwartzman, der im Amazonasbecken ebenfalls vor Ort mit indigenen Gemeinden zusammengearbeitet hatte (vgl. Keck und Sikkink 1998: Chapter 4: 15). Die Multilateral Development Bank Campaign (MDB Campaign) wurde hauptsächlich in den USA vorangetrieben. Zwischen 1983 und 1986 organisierte die Kampagne ganze siebzehn Anhörungen beziehungsweise Verhandlungen von Aktivisten multilateraler Entwicklungsbanken und dem Umweltschutz. Dabei kann die Anhörung im September 1984 als Meilenstein bezeichnet werden, denn mit Hilfe von gewichtigen Aussagen und Gutachten von David Price und den brasilianischen Anthropologen, Carlos Ricardo und José Lutzenberger, konnten den amerikanischen Kongressausschüssen gravierende negative Auswirkungen von Polonoroeste präsentiert werden (vgl. Rodrigues 2004: 36). Anstatt sich also nur auf eigene Studien zu verlassen, konnte das Netzwerk mit gewichtigen Aussagen von Vertretern aus dem betroffenen Land aufwarten. Das Netzwerk hatte es geschafft, dass sich der Kongress mit der Untersuchung des Projektes Polonoroeste auseinandersetzte (vgl. Keck und Sikkink 1998: Chapter 4: 15). Gleichzeitig erhöhte sich durch den Erfolg im Kongress auch die Reichweite und Sichtbarkeit der MDB Kampagne. Sowohl führende Tageszeitschriften, wie die New York Times oder die Financial Times, als auch Umweltmagazine, wie The Ecologist und The Economist, nahmen sich dem Thema an und erhöhten dadurch medial den Druck auf die Weltbank (vgl. Rodrigues 2004: 37). Besonders beeindruckt zeigte sich die Weltbank zunächst aber nicht von der Kampagne (vgl. Rodrigues 2004: 37). Die Frage, die sich das Netzwerk nun stellte, war, wie man es schaffen konnte, Druck auf die Weltbank auszuüben. Dabei entwickelte sich Robert Kasten, damaliger Senator von Wisconsin zu einer Schlüsselfigur. Er war Republikaner, genauso wie die Mehrheit im Kongress, teilte damit also die gleichen Werte- und Normenvorstellungen. Kasten war Vorsitzender des Unterausschusses für ausländische Einsätze vom Ausschuss des Senats der Vereinigten Staaten (vgl. Keck und Sikkink 1998: Chapter 4: 15). Darüber hinaus setzte sich Kasten für mehr Einfluss der USA auf die Weltbank ein, was mustergültig in die Agenda der MDB Kampagne passte. Vorsitzende des Kongresskomitees hatten direkten Einfluss auf die Bereitstellung von finanziellen Mitteln für die Weltbank. Angreifbar war die Weltbank, weil die USA, zusammen mit Großbritannien, Japan, Frankreich und Deutschland ganze

40% an Stimmen im Abstimmungssystem besaßen. Hinzu kam, dass die Weltbank ihre Darlehen von der Internationalen Entwicklungsorganisation (IDA) bezog und die aufgeführten Länder den Großteil dieser Gelder zur Verfügung stellten. Seit den 1970er Jahren wurden Verhandlungen für den finanziellen Nachschub der IDA für die Weltbank komplizierter. Weitere Probleme mit den Geberländern drohten nur zu weiteren Hindernissen zu werden (vgl. Keck und Sikkink 1998: Chapter 4: 16). Am 15. März 1985 schickte die Weltbank der brasilianischen Regierung einen Brief, in dem sie erklärte, dass sie Subventionen für das Entwicklungsprojekt Polonoroeste temporär aussetzt. Es war das erste Mal in der Geschichte der multilateralen Entwicklungsbanken, dass es aufgrund von negativen Umweltleistungen zu einer Sperrung von finanziellen Mitteln kam (vgl. Rodrigues 2004: 38). Die MDB Kampagne ist im Fall Polonoroeste ein Musterbeispiel der im Theorieteil beschriebenen Einflusspolitik. Mit Hilfe von mächtigeren Akteuren konnte erfolgreich Einfluss auf einen Zielakteur genommen werden. Zusätzlich spielte die Veröffentlichung des Themas in den Medien eine Rolle und erhöhte obendrein den Druck von außen auf die Weltbank.

Ferner schaffte es die MDB Kampagne neben der „leverage politics" auch Einfluss auf das Verhalten, also „organizational behaviour", zu nehmen, indem die Weltbank aufgrund der steigenden Kritik im Jahr 1987 eine Umweltabteilung auf höchster bürokratischer Ebene installierte (vgl. Keck und Sikkink 1998: Chapter 4: 16). Dies ist gleichzeitig als Präventivmaßnahme zu bewerten.

Rückblickend auf das Entwicklungsprojekt Polonoroeste lässt sich festhalten, dass es sich hier durchaus um ein Netzwerk handelt, welches nach typischen TAN-Strategien handelt. Andererseits fehlt in der MDB Kampagne die Einbeziehung von brasilianischen NGOs und indigenen Stämmen, damit man das Netzwerk als TAN bezeichnen kann, da diese bisher nur indirekt teilnahmen und hauptsächlich einzelne, individuelle Akteure aus Brasilien bei der Beschaffung von Informationen und Zeugenaussagen involviert waren.

3.5 Politische Situation in Brasilien ab 1985

Während sich brasilianische NGOs bis 1985 eher in der Rolle der Informanten befanden als in der der handelnden Akteure, änderte sich ihre Situation ab 1985. Mitarbeiter der MDB-Kampagne kooperierten mit Kautschuksammlern aus dem benachbarten Bundesstaat Acre. Francisco „Chico" Mendes war der Anführer der „Acre rubber tappers". Sein Einsatz für die Erhaltung der Regenwälder in Brasilien wurde 1987 vom Umweltprogramm der Vereinten Nationen (UNEP) mit Auszeichnungen honoriert (vgl. Rodrigues 2004: 52). Die Kooperation zwischen den Akteuren der MDB Kampagne und den Kautschuksammlern beruhte auf gegenseitigem Nutzen. Chico Mendes verlieh der Kampagne ein „regionales Gesicht", sodass sich andere Akteure besser mit den Problemen vor Ort identifizieren konnten. Den Kautschuksammlern gab die Kooperation mit einem internationalen Netzwerk neue Möglichkeiten, ihre Reichweite zu erhöhen (vgl. Keck und Sikkink 1998: Chapter 4: 17). Im Jahr 1988 sendete Mendes einen Brief an die Weltbank und beschrieb sein Bedenken bei der Umsetzung des neuen Anschlussprogrammes Planafloro. Das Entwicklungsprogramm war der Nachfolger des gescheiterten Programmes Polonoroeste (vgl. Rodrigues 2004: 52). Im Dezember desselben Jahres wurde Chico Mendes von Großgrundbesitzern ermordet. Nichtsdestotrotz hat er mit seinem Engagement erreicht, dass sich die MDB Kampagne mit Schutzreservaten für die Kautschuksammler beschäftigte. Gleichzeitig hatte der Tod Mendes' einen enormen symbolischen Einfluss für Projekte im Amazonasbecken (Keck und Sikkink 1998: Chapter 4: 17).

3.6 Von Polonoroeste zu Planafloro

Bereits 1986, ein Jahr bevor das Entwicklungsprojekt Polonoroeste für "abgeschlossen" erklärt wurde, begann die Regierung in Rondônia mit der Weltbank am Nachfolgeprojekt Planafloro zu arbeiten (Keck und Sikkink 1998: Chapter 4: 18). Kernthemen im Projekt waren die Verhinderung von weiterem ökologischem Schaden, Intensivierung der Landwirtschaft und die Verstärkung des Umweltschutzes auf institutioneller Ebene (vgl. Keck und Sikkink 1998: Chapter 4: 18). Dies hörte sich nach Besserungen an, doch das nächste Problem folgte schnell. Stephan Schwartzman, Anthropologe und Aktivist im Netzwerk der MDB Kampagne, fand eher zufällig heraus, dass lokale Akteure in Rondônia nicht von der Weltbank in das Projekt Planafloro integriert wurden (vgl. Rodrigues 2004:

53). Obwohl die Bank nochmals versicherte, dass Unterrichtungen der regionalen Akteure stattgefunden hatten, mussten Aktivisten aus den USA nach eigenen Erkundigungen bei ihren Kontakten in Rondônia feststellen, dass lokale Organisationen und indigene Gemeinden so gut wie nichts über das Projekt wussten, trotz Interessenbekundung am Projekt (vgl. Keck und Sikkink 1998: Chapter 4: 19). Die Weltbank wurde erneut durch die MDB Kampagne und den damaligen Umweltminister, José Lutzenberger, unter Druck gesetzt und nahm das Projekt kurze Zeit später temporär von der Agenda. Es kam daraufhin zu mehreren Treffen für Akteure aus Rondônia, finanziert vom NWF, bei denen vor allem Kautschuksammler und indigene Organisationen beteiligt waren. Die Versammlungen halfen vor allem den regionalen Organisationen in Rondônia, sich mit Blick auf den Weltgipfel im Jahr 1992 zu vereinen. Ein Resultat der Versammlungen war die Gründung des Rondônia NCO Forums (vgl. Keck und Sikkink 1998: Chapter 4: 19). Dieses Netzwerk wurde lokaler Ansprechpartner für das Projekt Planafloro und mit seiner Zustimmung kam es 1991 zurück auf die Agenda der Weltbank (vgl. Keck und Sikkink 1998: Chapter 4: 19). Einflusszunahme liegt hier klar beim neu formierten Netzwerk aus Rondônia, welches als Dachorganisation für das Projekt Planafloro fungierte. Des Weiteren drängte die Weltbank die brasilianische Regierung dazu, brasilianischen NGOs die gleichen Stimmenrechte zu geben wie sie Staatssekretäre besitzen (vgl. Keck und Sikkink 1998: Chapter 4: 19). Auch wenn es nicht die Absicht der brasilianischen Regierung war, gewährte sie, wegen der Einflusspolitik der Weltbank und MDB-Kampagne, den lokalen Organisationen Zugang zu Informationen der Regierung zu Entwicklungsprojekten und deren Überwachungssystemen (vgl. Keck und Sikkink 1998: Chapter 4: 19). Durch den besseren Zugang zu Informationen und Dokumenten war das Netzwerk, neben der „leverage politics" auch in der Lage „accountability politics" zu betreiben und die brasilianische Regierung dazu zu drängen, sich an Vereinbarungen zu halten, genauso wie die Weltbank.

Das vorliegende Beispiel lässt sich exemplarisch für das im Theorieteil beschriebene „boomerang pattern" anbringen. Wenn lokale NGOs Probleme mit ihrer Regierung haben, wenden sie sich an andere nationale oder internationale NGOs. Diese machen Druck auf ihre eigene Regierung, damit diese wiederum Einfluss auf die betroffene Regierung nimmt. Im Beispiel mit Planafloro ist es etwas abgewandelt: Brasilianische NGOs suchen Hilfe bei amerikanischen NGOs und der MDB Kampagne. Diese nimmt über den amerikanischen

14

Kongress Einfluss auf die Weltbank, welche direkt die brasilianische Regierung beeinflusst. Transnationales Netzwerken hat im Fallbeispiel zu einer Verbesserung der Situation der brasilianischen NGOs geführt.

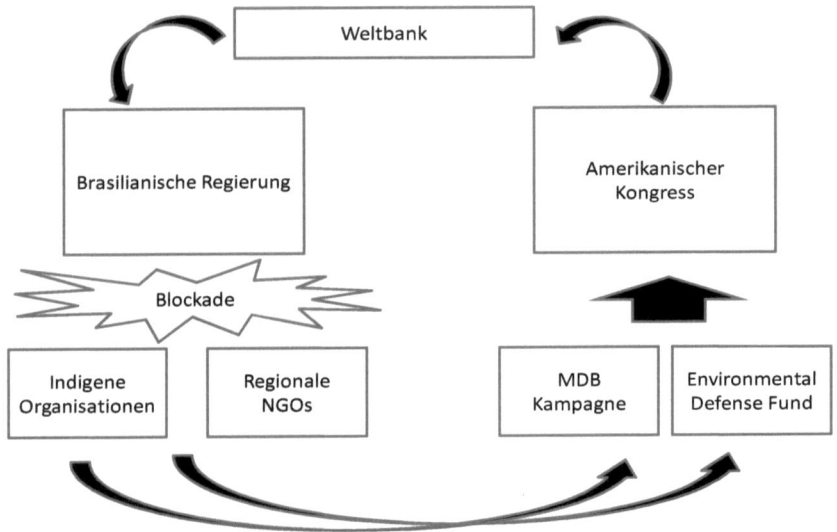

Quelle: Eigene Darstellung: Das „Boomerang Pattern" am Fallbeispiel

4. Fazit

Das Thema der vorliegenden Arbeit sind transnational advocacy networks. Nach der Erstellung des theoretischen Analyserahmens, ging es im empirischen Teil um die Auswertung und die Frage, ob es sich beim Fallbeispiel um ein TAN handelt oder nicht. Da zwei Entwicklungsprojekte durchleuchtet wurden, gibt es bei der Beantwortung der Frage auch zwei verschiedene Antworten. Das Entwicklungsprojekt Polonoroeste brachte überhaupt erst die handelnden Akteure ins Spiel. Mit Hilfe der MDB-Kampagne wurde durch „Framing" ein Rahmen für das Problem geschaffen. Gravierende Fehler wurden in der Umsetzung des Projektes von Seiten der Weltbank und der brasilianischen Regierung gemacht. Mittels schnellen Austauschs von Informationen formte sich ein Netzwerk in den USA, das sich dem Problem annahm. Durch geschickte Einflusspolitik konnte das Netzwerk sogar auf das Verhalten der Weltbank einwirken. Allerdings waren im Projekt Polonoroeste keine lokalen Organisationen aus Rondônia direkt involviert. Daher kann man es nicht als ein transnational advocacy network bezeichnen, wenngleich auch TAN spezifische Strategien angewandt wurden.

Beim Entwicklungsprojekt Planafloro konnten hingegen schwächere Organisationen aus Rondônia dank der Unterstützung der MDB-Kampagne und dem amerikanischen Kongress Druck auf die Weltbank ausüben und somit teilweise die Blockade mit der eigenen Regierung lösen. Dies geschah erst durch Einflusspolitik; aber auch symbolische Ereignisse wie der Tod von Chico Mendes und der Weltgipfel in Rio de Janeiro zeigten Wirkung. Des Weiteren war das neu geformte Netzwerk in Rondônia in der Lage, mittels der „accountability politics" Druck auf die Weltbank und die brasilianische Regierung auszuüben. Diese mächtigeren Akteure wurden durch bindende Vereinbarungen vom Netzwerk aus Rondônia gelenkt. Aufgrund dessen handelt es sich beim Entwicklungsprojekt und dem entstandenen Netzwerk in Rondônia um ein transnational advocacy network. Was dem TAN in Rondônia in den nächsten Jahren noch helfen würde ihre Reichweite zu erhöhen, wäre die Entwicklung eines Symbols, wie es das Rainforest Action Network bei der Chevron-is-Guilty-Kampagne gegen den Ölkonzern Chevron gemacht hat.

Es wird interessant zu beobachten sein, wie sich das Thema TANs in den nächsten Jahren weiter entwickeln wird. Es handelt sich um ein sehr neues Forschungsgebiet, welches erst in den letzten Jahrzehnten an Bedeutung zugenommen hat. Die Wichtigkeit von TANs in internationalen Beziehungen steht dennoch schon jetzt außer Frage.

Literaturverzeichnis

Artikel einer Fachzeitschrift:

Betsill, Michele und Bulkeley, Harriet (2004): Transnational Networks and Global Environmental Governance: The Cities for Climate Protection Program, *International Studies Quarterly* 48 (2): 471-493.

Keck, Margaret und Sikkink, Kathryn (1999): Transnational advocacy networks in international and regional politics, *International Social Science Journal* 51 (159): 89-101.

Powell, Walter (1990): Neither Market Nor Hierarchy, *Research in Organizational Behaviour* 12: 295-336.

Monographie:

Brysk, Alison (2000): *From Tribal Village to Global Vilage: Indian Rights and International Relations in Latin America*, Stanford: Stanford University Press.

Keck, Margaret und Sikkink, Kathryn (1998): *Activists Beyond Borders: Advocacy Networks in International Politics*, Ithaca: Cornell University Press.

Rodrigues, Maria Guadalupe Moog (2004): *Global Environmentalism and Local Politics: Transnational Advocacy Networks in Brazil, Ecuador, and India*, Albany: State University of New York Press.

Schuppert, Gunnar Folke (2015): *Wege in die moderne Welt: Globalisierung von Staatlichkeit als Kommunikationsgeschichte*, Frankfurt am Main: Campus Verlag.

Tarrow, Sidney (2005): *The New Transnational Activism*, New York: Cambridge University Press.

Sammelband:

Silva, Eduardo, Hrsg. (2013): *Transnational Activism and National Movements in Latin America*, New York: Routledge.

Warren, Kay und Jackson, Jean, Hrsg. (2002): *Indigenous Movements, Self-Representation, and the State in Latin America*, Austin: University of Texas Press.

Aufsatz im Sammelband:

Silva, Eduardo (2013): „Transnational Activism and National Movements in Latin America: Concepts, Theories, and Expectations, " in Silva, Eduardo, Hrsg., *Transnational Activism and National Movements in Latin America*, New York: Routledge.

Online-Artikel:

Gilio Brunelli (1986): Warfare in Polonoroeste, Juni, online unter www.culturalsurvival.org/publications/cultural-survival-quarterly/warfare-polonoroeste [eingesehen am 21.02.2017].

www.duden.de (o.J.):transnational, online unter www.duden.de/suchen/dudenonline/transnational [eingesehen am 20.02.2017].

www.merriam-webster.com (o.J.):Advocate, online unter www.merriam-webster.com/dictionary/advocate [eingesehen am 20.02.2017].

www.ran.org (2011): Chevron is Guilty: Ecuadorians Prevail in Historic Environmental Lawsuit, 14. Februar, online unter http://www.ran.org/chevron_is_guilty_ecuadoreans_prevail_in_historic_environmental_lawsuit [eingesehen am 20.02.2017].